AF220953

Montevideo

lieben lernen

*Der perfekte Reiseführer für einen unvergessli-
chen Aufenthalt in Montevideo inkl. Insider-
Tipps und Packliste*

Imke Sonnenbeck

✈ INHALT

Das erwartet Sie in diesem Buch

In der heutigen Welt, in der man innerhalb kürzester Zeit tausende Informationen über nahezu jede Stadt dieser Erde auf diversen Internetseiten finden kann, mag es einem im ersten Moment altmodisch, wenn nicht gar überflüssig, vorkommen, einen Reiseführer zu lesen.

Das Gegenteil ist der Fall. Finden wir im Netz tausende Rezensionen von Restaurants, Bars und Hotels, ja sogar von Orten wie öffentlichen Parks oder Gedenkstätten, so sagt uns all das doch nichts über die eigentliche Frage, die uns alle interessiert, wenn wir eine Reise planen: Wie lebt es sich in einer Stadt? Was zeichnet sie aus, was macht sie besonders?

Um diese Fragen beantworten zu können, muss man eine Stadt kennen, man muss sie nicht nur bereist, sondern auch verinnerlicht haben und bestenfalls nimmt sie nach der Reise einen besonderen Platz in der Erinnerung ein. Daher ist dieses Buch "der etwas andere Reiseführer", weil hier Menschen schreiben, die nicht bloß flüchtig von einer Attraktion zur nächsten eilen, um nach hunderten Fotos und dutzenden Rezensionen bereits alles wieder vergessen zu haben, sondern Menschen, die Städte erlebt und in sich aufgenommen haben.

Nur diese Art des Reiseberichts ermöglicht es den Lesenden, etwas über die geheimen Ecken, die nahezu unbekannten Orte einer Stadt, zu erfahren, die zwar nicht für Schnappschüsse und hastig eingetippte Bewertungen geeignet sind, dafür aber umso mehr im Gedächtnis bleiben. Sollten Sie Lust auf eine Reise verspüren, an die Sie sich noch in vielen Jahren erinnern können und von der Sie noch in vielen Jahren begeistert erzählen werden, dann ist dieser etwas andere Reiseführer für Sie genau das Richtige.

Warum Montevideo?

Wirft man einen Blick auf die Weltkarte, stechen einem auf dem südamerikanischen Kontinent sofort die beiden "Riesen" Brasilien und Argentinien ins Auge. Wahrscheinlich sind es auch diese beiden Staaten, an welche die meisten Leute – und insbesondere Fußballfans – direkt denken, wenn sie Südamerika hören.

Doch zwischen diesen beiden riesigen Staaten liegt das kleine, beschauliche Uruguay mit seiner Hauptstadt Montevideo, die eine Reise (mindestens) genauso wert ist wie Buenos Aires oder Rio de

Janeiro. Ich werde im Folgenden meine Erfahrungen, die ich während eines längeren Aufenthalts in Montevideo gemacht habe, mit Ihnen teilen und Ihnen einige kleine Ratschläge mit auf den Weg geben, die dazu beitragen sollen, Ihren vielleicht demnächst schon geplanten Aufenthalt in dieser wunderschönen Stadt noch ein wenig angenehmer zu gestalten.

Ein Haus mit Garten

Die Uruguayer selbst bezeichnen ihr Land gerne scherzhaft als ein "Haus mit Garten". Das Haus ist Montevideo, die Hauptstadt, circa 1,3 Millionen Einwohner und politisches, wirtschaftliches sowie kulturelles Zentrum Uruguays.

Der Garten ist der Rest des Landes, die Pampa, eine scheinbar endlos weite Grassteppe, die kaum menschliche Bewohner, dafür umso mehr Rinder und Schafe zählt. Schon aus dem Flugzeug heraus kann man sich während des Landeanflugs ein Bild von der Geographie Uruguays machen, denn kurz bevor man Montevideo erreicht, ist die scheinbar endlose Weite der Pampa in ihrer vollen Ausdehnung zu sehen.

Landschaftlich ist die Pampa etwas Besonderes, hier wachsen Gräser und Pflanzen, die sonst nirgends auf der Welt vorkommen, typisch für das Erscheinungsbild ist das passenderweise nach der Region benannte Pampasgras. Auch einige Tiere tummeln sich ausschließlich hier in der Grassteppe, beispielsweise der Guanako, eine besondere Unterart des Lamas, der Pampashirsch sowie der Pampasfuchs. Hinzu gesellen sich die Nachkommen entlaufener Pferde und Rinder, die einst den Gauchos ausgebüxt sind und sich seitdem in der freien Wildbahn bewegen.

Und mag sie auch auf den ersten Blick unwirtlich aussehen, bildet sie die Grundlage für den relativen Wohlstand in Uruguay. Die Viehzucht und insbesondere die Zucht von Rindern ist der größte Wirtschaftszweig des kleinen Landes am Rio de la Plata. Von Massentierhaltung hat man hier noch nie gehört, die Weite der Pampa wird genutzt, um den Tieren möglichst viel Auslauf und Platz zum Grasen zu lassen.

Für längere Ausflüge eignet sich die Pampa jedoch eher weniger, will man also Uruguay bereisen, ist die erste Anlaufstelle das "Haus", nämlich die Hauptstadt Montevideo. Ursprünglich wurde diese zu militärischen Zwecken gegründet. Portugiesische Truppen, die das benachbarte Brasilien kolonialisiert hatten, drangen immer wieder in das Hoheitsgebiet der spanischen Krone auf dem Gebiet des heutigen Staates Uruguay ein. Dass man ausgerechnet in diesem einst so kargen Landstrich eine größere Stadt errichtet hat, ist also vor allem auf militärisch-taktische Überlegungen zurückzuführen.

Heute ist Montevideo jedoch eine der friedlichsten und sichersten Städte Lateinamerikas, wie Studien internationaler und südamerikanischer Institute seit Jahren bestätigen. Für eine südamerikanische Hauptstadt wirkt Montevideo in der Tat enorm ruhig und beschaulich, an manchen Ecken der Stadt fast schon ein wenig verschlafen. Die Bewohner*innen zeichnen sich durch eine für Westeuropäer kaum zu verstehende Gelassenheit und Ruhe aus. Von Hektik und Trubel ist hier keine Spur, die Zeit scheint in den Straßen Montevideos ein wenig langsamer zu vergehen als anderswo.

"Uruguay", erzählt man mir, "wurde von Einwanderern aus Galicien bevölkert". Diese seien besonders besonnen und gelassen, was sich noch heute bei den Uruguayern bemerkbar mache. "Wir sind nicht so laut, bei uns geht alles gelassener zu und wir sprechen mit sanfter Stimme". Inwiefern die galicischen Wurzeln damit zu tun haben, lässt sich natürlich nicht feststellen, aber die Behauptung der Einwohner bezüglich ihrer Ruhe und Gediegenheit lässt sich zweifelsohne verifizieren.

Die Gelassenheit drückt sich auch durch den Kleidungsstil der Menschen auf der Straße aus. Ist man in Deutschland den Anblick von Menschen in Anzügen, mit Hemd, Krawatte oder Hosenanzug besonders in Großstädten gewohnt, trägt man in Montevideo T-Shirt, Shorts, Flip-Flops.

Die wenigen Hemden, die man sieht, sind ziemlich leger und weit geschnitten. Eigentlich ganz normal für ein Land, in dem selbst der ehemalige Präsident, der ohnehin kultige Pepe Mujica, sich einst öffentlich als Krawattenhasser outete. Jener Mujica, ein Ex-Guerillero, lebte während seiner Präsidentschaft und auch heute noch in einem kleinen Lehmhäuschen, in dessen Garten er liebend gerne herumgräbt. 80 Prozent seines Einkommens spendet er zudem an gemeinnützige Organisationen und beweist seine Volksnähe auch einmal dadurch, dass er den Fußballverband FIFA vor laufender Kamera mit eindeutigen Worten bedenkt, nachdem dieser den uruguayischen Nationalstürmer Luiz Suarez aufgrund einer Tätlichkeit gesperrt hatte. Man bekommt schnell das Gefühl, dass so ein Präsident nicht in vielen Staaten der Welt ein anerkannter und geliebter Staatsmann wäre, doch zu den tiefenentspannten, fröhlichen Uruguayern passt er ziemlich gut.

Die Cafés und Parkbänke sind wie alle Sitzgelegenheiten in der Öffentlichkeit gut ausgelastet. Man hat die Zeit, beziehungsweise nimmt sie sich, um einige Momente zu verweilen, sich auszutauschen und die Sonne zu genießen. Niemals fehlen darf dabei der Mate. Viele hier nehmen sich ihre eigenen Thermoskannen mit, um die kleingeschnittenen, getrockneten Blätter des Matestrauchs jederzeit mit heißem Wasser übergießen zu können.

Der Sud, der am ehesten an einen Tee erinnert und deshalb hierzulande fälschlicherweise oft als "Matetee" bezeichnet wird, schmeckt meist süßlich und leicht bitter. Da er geringe Mengen Koffein enthält, wirkt er tatsächlich auch ein wenig belebend, zumindest bilde ich mir das ein, vielleicht auch nur deshalb, weil die Leute mir erzählt haben, dass er diese Wirkung entfaltet oder weil ein Getränk in der heißen Mittagssonne grundsätzlich immer belebend ist.

Jedenfalls sollte man den Mate probieren, er gehört zur Kultur Uruguays wie sonst vielleicht nur noch Fußball und die Rinderzucht. Wer es zu 100 Prozent authentisch mag, kann an jeder Ecke eine Kalebasse kaufen, ein halbrundes Gefäß, das an die aufgeschnittene Hälfte der Kokosnuss erinnert, aus der Mate wohl ursprünglich einmal getrunken wurde. Das Gefäß mit dem dazugehörigen Metallstrohhalm gibt es in fast jedem Laden zu kaufen.

So ökologisch die immer wieder verwendbaren Gefäße und die metallenen Strohhalme auch sind, so unökologisch ist Montevideo, zum Beispiel in Bezug auf Recycling. Sämtliche Dosen und Flaschen sind lediglich Einwegprodukte und können, beziehungsweise müssen, nach dem Trinken entsorgt werden.

Die Abfallbeseitigung wiederum funktioniert hier glänzend. In einem Anfall von Gedankenlosigkeit gab ich einem der wenigen Bettler, denen man in Montevideo ausschließlich in der Nähe der Plaza Independencia und vor der Catedral Metropolitana begegnet, eine leere Coladose, woraufhin er mich natürlich unverwandt anblickte. Erst nach ein paar Sekunden realisierte ich, dass er mangels der Existenz eines Pfandsystems natürlich nichts mit der Dose anfangen konnte.

Dass Uruguay trotzdem als das "westlichste" Land und Montevideo als die "westlichste" Stadt Südamerikas gelten, liegt sicherlich an der geringen Kriminalitätsrate, dem überdurchschnittlich hohen Einkommen der Bevölkerung und mit Sicherheit auch an der jüngeren Geschichte des Landes.

Im Gegensatz zu den meisten anderen Staaten des Kontinents ist Uruguay im 20. Jahrhundert von Putschen, Machtübernahmen militärischer oder paramilitärischer Guerillagruppen oder bürgerkriegsähnlichen Auseinandersetzungen verschont geblieben, was dem Land die Bezeichnung "Schweiz Südamerikas" einbrachte. Zumindest was die geringe Größe, die Sicherheit und die politische Neutralität angeht, mag dieser Vergleich berechtigt sein und in einer anderen Beziehung ist Uruguay den Eidgenossen sogar um einiges voraus: Schließlich lagern hier keine Vermögen aus unbekannten und zwielichtigen Quellen, Steuerflüchtige verschlägt es nicht an den Rio de la Plata, wo auf die einigermaßen gerechte Verteilung des vorhandenen Vermögens geachtet wird. Ein weiterer Grund, warum soziale Unruhen nicht zum Alltag des Landes gehören.

In der Tat war Uruguay schon immer ziemlich fortschrittlich, was politische, aber auch soziale Stabilität anbelangt. Vor dem Hintergrund einiger politischer Unruhen Ende des 19. Jahrhunderts sieht die Verfassung von 1919 unter anderem die Einführung des Achtstundentages, eines Renten- und Arbeitslosenversicherungssystems, einer Unfallversicherung, einer gesetzlichen Regelung der Frauenarbeit, von Mindestlöhnen, bezahltem Urlaub sowie die Verabschiedung von Gesetzen zum Schutz der Familie vor.

Die Ideale des Sozialismus sind hier teilweise noch zu spüren, jedoch nimmt dieser moderate Sozialismus Uruguays nicht derart pervertierte, ideologische Formen an, wie es in umliegenden Staaten oft der Fall gewesen ist. Er zeichnet sich vielmehr dadurch aus, dass die soziale Sicherung in Form von Kranken- oder Rentenversicherung hier tatsächlich gewährleistet ist und dass die Arbeitslosigkeit enorm niedrig gehalten wird, indem fast ein Drittel aller Uruguayer bei staatlichen Institutionen und Trägern beschäftigt ist, die fast ausnahmslos in Montevideo beheimatet sind. Dementsprechend zufrieden scheint die Bevölkerung zu sein, gewaltsame Unruhen, wie zuletzt unter anderem in Chile, sind nicht zu erwarten.

Das Leben in Montevideo

LAND UND LEUTE

Schon am Flughafen, dem Carrasco Internatio-nal Airport, fällt mir positiv auf, dass die Men-schen sich ruhig und gesittet verhalten, das übliche Gedrängel am Einreiseschalter bleibt aus. Müde von dem langen Flug, nehme ich alle Konzent-ration zusammen, um mich in einwandfreiem Spa-nisch mit den Menschen zu verständigen, schließlich brauche ich einen Transfer zu meinem Hotel.

Zu meiner Überraschung sprechen die Leute je-doch direkt Englisch mit mir (ich werde oft für eine US-Amerikanerin gehalten). Englisch wird hier im Vergleich zu anderen lateinamerikanischen Ländern fast überall verstanden und auch gerne gesprochen, insbesondere in Hotels oder Restaurants, die regelmäßig von ausländischen Touristen*innen besucht werden. Man muss sich also keine Gedanken machen, wenn einem die spanischen Worte nicht direkt einfallen. Auch ohne Spanischkenntnisse kann man den Aufenthalt in Montevideo natürlich genießen und auch problemlos mit den meisten Menschen kommunizieren. Das landestypische Flair saugt man aber natürlich am besten auf, wenn man die Leute auch in ihrer Muttersprache verstehen kann.

Ich fahre mit einer Art Shuttlebus zu meinem Hotel, der Flughafen liegt ein wenig außerhalb der Stadt, sodass man schon auf der Fahrt einen ersten Eindruck von Uruguay bekommen kann. Zunächst geht es ein wenig über Land, neben dem Flughafen befindet sich ein Flugzeugmuseum, welches ich aus zeitlichen Gründen nie besucht habe, für Fans der Luftfahrt bietet es sich aber sicherlich an, man sieht beim Vorbeifahren ein paar alte Maschinen vor den Hangars stehen und wundert sich, dass Menschen früher in solche Konservendosen eingestiegen sind, um damit durch die Lüfte zu fliegen.

Auf einer Art Autobahn geht es schließlich in die Stadt, zunächst immer an der Strandpromenade entlang. Man ahnt schon, dass hier betuchte Menschen leben, die Häuser sind modern, die Straßen sind sauber, die Leute laufen langsam und entspannt über die Straße. Hier ist es anders als in manch einer anderen Metropole des Kontinents oder gar der Welt, soviel wird mir schon nach der etwa zwanzigminütigen Anfahrt zum Hotel deutlich.

Das eigene Flair und der besondere Charme Montevideos fallen einem schon nach kurzer Zeit in der Stadt auf. Auch als erfahrene Südamerikatouristin bin ich positiv beeindruckt von der Atmosphäre in Montevideo, die ganz anders ist als zum Beispiel in Buenos Aires, obwohl diese beiden Städte lediglich durch den Rio de la Plata getrennt werden. Die Menschen dort erklären es einem wie folgt: Buenos Aires als riesige Metropole ist natürlich dominanter als die vergleichsweise beschauliche Kapitale Uruguays. Montevideo hat also die Wahl: Will man die "kleine Schwester" von Buenos Aires sein oder eine eigenständige Kultur entwickeln? Zweiteres ist eindeutig der Fall.

Der Streit, ob der Tango nun in Buenos Aires oder in Montevideo erfunden wurde, wird sich wohl nie abschließend schlichten lassen, aber für die Bewohner Montevideos ist der Fall klar. Schließlich stammt selbst Carlos Gardel, einer der bekanntesten Tangotänzer des frühen 20. Jahrhunderts, aus

Montevideo und nicht etwa, wie landläufig ange-nommen, aus Argentinien. Und so wird der Tango in zahlreichen Bars und Kneipen der Stadt leiden-schaftlich zelebriert.

Es finden, selbst unter der Woche, Wettbewerbe in den Lokalitäten statt, bei denen man als Euro-päer*in jedoch aufgrund absoluter Chancenlosigkeit lieber staunend zuschaut als aktiv teilzunehmen. Meine dezenten Versuche werden dennoch mit zwar ernst gemeintem, aber doch eher aufmunterndem Applaus goutiert. Doch auch das Zuschauen ist be-reits eine wunderbare Erfahrung. Die Menschen ver-sprühen eine angenehme Lebenslust und schnell wird einem klar, dass der Tango hier nicht bloß eine Art Folklore ist, sondern dass er den Menschen tat-sächlich viel bedeutet.

Besonders hervorzuheben ist in dieser Bezie-hung der Stadtteil Pocitos, in dem sich Bars, Restau-rants und Kneipen aneinanderreihen. (Wenn man nach dem Weg dorthin fragen möchte, spricht man das "c" in der Mitte wie ein "s" aus und lässt dafür das "s" am Ende weg, so sprechen nämlich die Ein-wohner Montevideos ihren Stadtteil aus, was bei mir zu Beginn zu leichten Verständigungsproblemen ge-führt hat). Der einzige Stadtteil, der gleichsam vom Tango geprägt ist wie Pocitos, ist der Stadtteil

Palermo Viejo in Buenos Aires, dort wird nicht einfach nur Tango getanzt, es gibt sogar eine Menge Lokalitäten, die sich explizit als "Tango-Bars" verstehen. Trinken und quatschen ist hier Nebensache, es gilt, die Hüften zu schwingen. Lassen Sie sich also die Chance nicht entgehen, sich einen oder mehrere Tanzabende am Rio de la Plata anzuschauen. Pocitos ist, wie im Grunde fast alle Stadtteile Montevideos, problemlos mit dem Bus zu erreichen.

Das Viertel entwickelte sich ab Ende des 19. Jahrhunderts von einem Badeort für die Mittel- und Oberschicht hin zu einem Wohnquartier mit bunten Häusern und einer sehr künstlerischen Architektur. So bietet Pocitos jede Menge Kleinode für Architekturfans, entsprechende Bilder finden Sie im Internet, Sie sollten es natürlich trotzdem keinesfalls verpassen, sich das Viertel mit eigenen Augen und aus nächster Nähe anzusehen.

Vielleicht liegt es an der schönen Lage (nahe am Meer und am Zentrum), der ausgefallenen Architektur oder den zahlreichen Bars und Restaurants, dass hier in Pocitos fast sämtliche ausländische Botschaften des Landes angesiedelt sind, unter anderem die Italiens, Spaniens, der Schweiz und Ägyptens. Außerdem gibt es, sollten Sie den nachvollziehbaren Drang verspüren, langfristig in Montevideo zu

verweilen, eine deutsche Schule. Obwohl hier zahlreiche Bars zu finden sind, in denen die feierfreudi-
gen Uruguayer*innen die Nacht gern einmal zum
Tag machen und dabei selbstverständlich auch das
ein oder andere alkoholische Getränk zu sich nehmen, erlebe ich hier keinerlei Gewalt oder Exzesse
und kann auch keine Berichte darüber in Zeitungen
oder im Internet finden.

Man feiert ausgelassen aber friedlich. Dass man
sich als Frau auch nachts nicht unsicher fühlt, wenn
man auf den Bus wartet, mag an dem positiven Gefühl liegen, welches einem der Stadtteil vermittelt o-
der auch an der kuriosen Tatsache, dass der Frauen-
anteil unter den Bewohner*innen des Viertels bei
ungefähr 60 Prozent liegt. Warum das so ist, habe ich
nicht herausfinden können, wahrscheinlich bewei-
sen die Frauen einfach einmal mehr ihren guten Geschmack und lassen sich in einem der lebenswertes-
ten Quartiere der Hauptstadt nieder.

ESSEN UND TRINKEN

Ich probiere es das erste Mal in Südamerika aus. Wovon mir in Kolumbien noch vehement abgeraten wurde, was in Argentinien auf eigene Verantwortung erfolgen musste, ist hier gar kein Problem: Leitungswasser trinken. Ein minimaler Chlorgeschmack sticht aus dem Wasser heraus, kein Vergleich jedoch zum Beispiel zu dem Leitungswasser in New York, das man problemlos als Chlorreiniger verkaufen könnte. Es führt auch zu keinerlei Komplikationen, ebenso wenig wie die frisch gepressten Säfte, die hier in den Geschäften und manchmal auch auf der Straße verkauft werden oder die Salate, die in den Restaurants als Vorspeise gereicht werden. Das Klischee, dass man einen unempfindlichen Magen braucht, um in Südamerika ungekochte Speisen zu verdauen, trifft zumindest auf die Speisen in Montevideo nicht zu.

Die Küche in Uruguay ist ziemlich ausgewogen, man bekommt neben Salaten verschiedenste Arten von Gemüse und Soßen als Beilage sowie Süßspeisen zum Nachtisch, gerne mit massig frischem Obst. Eines, da sind sie sich in Uruguay einig, darf aber niemals fehlen: das Fleisch. Für Vegetarier ist Montevideo ein schweres Pflaster. Wer sich jedoch aus ethischen Gründen dem Konsum von Tieren verweigert, dem kann zumindest garantiert werden, dass die Tiere hier nicht in engen Käfigen eingepfercht und mit Antibiotika gefüttert werden, um die Bedürfnisse des Verbrauchers zu befriedigen. Die Rinder stehen auf grünen Wiesen und haben jede Menge Platz für den Auslauf. Auf circa 3 Millionen Einwohner Uruguays kommen satte 12 Millionen Rinder, der Bedarf ist also auch ohne Massentierzucht mehr als gedeckt.

Das Nationalgericht Uruguays ist das Asado. Dabei werden verschiedene Sorten Rindfleisch auf einem großen Rost über offenem Feuer gegrillt. Traditionell werden auch die Innereien der Tiere mit zubereitet und verspeist. Wen dies aber abschreckt, der kann auch Asado ohne Innereien bekommen.

Bei Nachspeisen wird Obst gereicht, des Weiteren Gebäck wie Alfajores, kleine runde Kuchen, die mit Dulce de Leche gefüllt sind. Dulce de Leche begegnet einem in Uruguay fast bei jeder Nachspeise, es ist eine Creme aus Milch, Zucker und Vanille, die optisch am ehesten an Karamell erinnert. Sie wird auch als Brotaufstrich verwendet, Nutella ist in Uruguay nicht angesagt, auf das Frühstücksbrot kommt Dulce de Leche. Wer es, wie ich, nicht ganz so süß mag, sollte aber lieber aufpassen, diese Creme ist nur für waschechte Süßmäuler gut bekömmlich. Und so esse ich hier auch regelmäßig Fleisch, obwohl ich meinen Fleischkonsum in Deutschland so gut wie komplett eingestellt habe. Alternativ bieten die Restaurants, besonders die in unmittelbarer Nähe zur Küste, auch fangfrischen Fisch an. Rein vegetarische Kost findet man aber in der Tat selten. Folgende Anekdote wurde mir von Einheimischen erzählt:

Vor einiger Zeit sei ein junger Mann aus Spanien in einen der zahlreichen Busse eingestiegen mit einem Bündel Flyer unter dem Arm. Er habe in Montevideo ein Restaurant eröffnet, mit ganz besonders gesundem Essen: Es gäbe nämlich nur vegetarische und vegane Speisen. Ihm sei bewusst, dass man in Montevideo sehr gerne Fleisch esse, aber es sei definitiv gesünder, sich fleischlos zu ernähren. Nachdem die ersten Leute bereits gegrinst hätten, habe der junge Spanier noch seine Flyer verteilen wollen, es seien vegetarische Kochrezepte gewesen.

Spätestens an dieser Stelle sei das Lachen nicht mehr zu unterdrücken gewesen. Obwohl es den Uruguayern weder an Toleranz noch an Manieren mangelt, habe der ganze Bus, inklusive Fahrer, angefangen zu prusten. Schließlich habe auch der junge Vegetarier mitgelacht, es sei ihm nichts anderes mehr übriggeblieben. Ob diese Geschichte wirklich stimmt oder ob sie im Reich der "Urban Legends" zu verorten ist, kann ich natürlich nicht sagen. Doch man kann sich zumindest gut vorstellen, dass sich diese Geschichte so zugetragen hat, wo, wenn nicht hier.

UNTERWEGS IN MONTEVIDEO

Grundsätzlich sollte man als Tourist*in immer vorsichtig mit Taxis sein, in manchen südamerikanischen Ländern kann eine Taxifahrt sogar wirklich gefährlich werden, wenn man an falsche Taxifahrer gerät. Darüber muss man sich in Montevideo keine Gedanken machen, was wie ein Taxi aussieht ist hier auch ein Taxi und man muss keine Angst haben, entführt zu werden.

Jedoch ist man als Reisende*r immer ein gern gesehener Gast, da man weder die üblichen Taxitarife noch die Strecke kennt und somit nicht bemerkt, wenn der Fahrer ein paar Kurven zu viel fährt und im Anschluss noch 100 Pesos obendrauf schlägt. Sicherlich machen das nicht alle Taxifahrer*innen und man sollte den Leuten nicht grundsätzlich schlechte Absichten unterstellen, allerdings ist man in Montevideo nicht auf Taxis angewiesen, es gibt auf alle Fälle günstigere und in den meisten Fällen auch interessantere Varianten.

Insbesondere am Flughafen wird man natürlich direkt als Reisende*r erkannt, es gibt bei den meisten Hotels die Möglichkeit, einen Flughafentransfer zu buchen, man wird dann von einer Firma abgeholt, die mit den Hotels zusammenarbeitet, da ist man, zumindest meiner Erfahrung nach, auf der sicheren Seite. Man zahlt einen festen Betrag, unabhängig von der eigentlichen Strecke. Über ein kleines Trinkgeld freuen sich die Fahrer natürlich dennoch, schließlich verladen sie auch das Gepäck und geben einem schon auf dem Weg zum Hotel ein paar Tipps, was man sich in der Stadt anschauen sollte. Ist man erst einmal in der Stadt angekommen, kann man auf ein weiteres, sehr zuverlässiges Verkehrsmittel zurückgreifen.

Obwohl man fast überall in der Stadt mit VISA-Karte bezahlen kann (sogar an Kiosken oder an manchen Ständen auf dem Flohmarkt in der Innenstadt nahe der Plaza Independencia), sollte man trotzdem immer zumindest 40 Pesos in bar einstecken haben. So viel kostet nämlich eine Busfahrt, und zwar ganz gleich, wohin man möchte, von Tarifzonen hat man in Montevideo noch nie etwas gehört. Für 40 Pesos kann man also drei Stationen nehmen oder sich quer durch die Stadt fahren lassen. Wer einmal ausgestiegen ist, muss sich aber ein neues Ticket kaufen. Die

Busse kommen quasi minütlich, manchmal stauen sich die verschiedenen Linien sogar hintereinander, wenn viele Menschen an einer Haltestelle einsteigen wollen. Nachts fahren die Busse dann nicht mehr ganz so stark frequentiert, es gibt aber, zumindest in zentrumsnahen Vierteln, keine Sperrstunde, irgendeinen Bus erwischt man immer, auch zu eher ungewöhnlichen Uhrzeiten.

Meinen ersten Bus habe ich dennoch verpasst. Selbst an festgelegten Haltestellen hält der Bus nämlich, anders als in Deutschland, nicht automatisch, auch wenn viele Menschen an der Haltestelle stehen. Man muss dem Busfahrer mit ausgestrecktem Arm oder erhobener Hand ein Zeichen geben, dass man gerne mitfahren würde. Alles in allem würde ich in Montevideo den Bus gegenüber dem Taxi immer vorziehen. Man kommt bequem überallhin, dadurch, dass man in der Regel sehr gut mit den Busfahrern sprechen kann, gleicht der Bus ohnehin mehr einem großen Sammeltaxi, aus dem jeder vor der Haustür aussteigen kann.

Zudem muss man keine Bedenken haben, als Tourist übervorteilt zu werden, die 40 Pesos Ticketpreis gelten für alle. Der Charme des "humanen Sozialismus", wie ich ihn in Uruguay erlebt habe, wird auch beim Ticketkauf schnell deutlich. In den meisten Bussen gibt es neben dem Fahrer noch einen zusätzlichen Kartenverkäufer, der auf einem Bürostuhl am Eingang oder ganz hinten im Bus sitzt: also zwei Jobs in einem Bus.

Ein weiterer Punkt, den man bei der Nutzung der Busse beachten sollte, ist, dass die Haltestellen nirgendwo angezeigt oder durchgesagt werden, man muss also wachsam sein und selbst ein bisschen Ausschau halten, um den richtigen Ausstieg nicht zu verpassen. Zur Not fragt man einfach die Mitreisenden in den Bussen, wo sie hinmüssen, zu den größeren Plätzen und Parks will man meistens nicht als Einzige und steigt dann mit ihnen zusammen aus. Die Schilder "Nicht-mit-dem-Fahrer-reden" fehlen zudem in Montevideos Bussen gänzlich. Nicht selten machen die Menschen mit dem Busfahrer individuelle Haltestellen aus, man wird auch mal einfach an einer Straßenecke oder an einer Ampel herausgelassen, wenn man nur nett fragt.

Eine U-Bahn oder Straßenbahn gibt es in Montevideo nicht, wenn Sie also nicht zu Fuß gehen wollen, was sich bei einigen Strecken aber auf alle Fälle lohnt, schließlich sieht man beim Schlendern am meisten von einer Stadt, nutzen Sie am besten den Bus oder, falls der Bus Ihnen doch ein wenig zu hektisch oder zu voll sein sollte, ein Taxi. Die meisten

Hotels bieten auch Visitenkarten von Taxiunternehmen an, wenn Sie eine dieser Firmen kontaktieren, sind Sie auf der sicheren Seite.

"DAS KOMMT MIR SPANISCH VOR" - DAS RIO-DE-LA-PLATA- SPANISCH.

Mit Spanisch fährt man hier, im wahrsten Sinne des Wortes, deutlich besser als mit Englisch, obwohl die meisten Menschen in Montevideo in der Lage sind, zumindest ein paar Sätze auf Englisch mit einem zu wechseln.

Mit Spanisch kommt man aber natürlich schneller zum Ziel, genauer gesagt mit dem uruguayischen Spanisch, welches aufgrund der weichen Klänge, aber auch des Hangs zum Verschlucken von Silben, dem brasilianischen Akzent ähnelt und daher für Menschen, die ausschließlich mit dem kastilischen Spanisch vertraut sind, ein bisschen gewöhnungsbedürftig klingt. Umgangssprachlich bezeichnet man den uruguayischen Akzent auch als "Rio-de-la-Plata-Spanisch", in Anlehnung daran, dass auch im benachbarten Argentinien ein ähnlich abweichender Dialekt gesprochen wird. Grammatikalisch gibt es jedoch nur geringe Abweichungen, ähnlich wie bei deutschen Dialekten. So wird in der zweiten Person Singular gerne "vos" statt "tu" verwendet. Man sollte sich also auch mit "vos" angesprochen fühlen.

Ansonsten unterscheidet sich das Rio-de-la-Plata-Spanisch lediglich aufgrund der Aussprache vom kastilischen Spanisch, das "s" am Ende von Worten wird meistens ausgespart, zudem werden die Buchstaben "c" und "z" meistens wie ein "s" ausgesprochen. Sobald Sie sich jedoch an die Sprechweise der Menschen gewöhnt haben, werden Sie ohne weiteres verstehen, was man Ihnen sagt. Immerhin sprechen die Uruguayer deutlich langsamer und weicher als die Spanier. Die Uruguayer sind sehr tolerant, was Urlauber mit geringen Sprachkenntnissen angeht, jedoch haben es die Menschen natürlich gern, wenn man sie in ihrer Muttersprache anspricht oder es zumindest versucht.

Rückfragen nimmt einem keiner übel, sollte man doch irgendwann "Lost in Translation" sein, sind die Uruguayer, wenn sie es können, auch meist so freundlich und wechseln von sich aus ins Englische. Wer des Italienischen oder des Französischen mächtig ist, könnte hier ebenfalls Glück haben, aufgrund der hohen Anzahl europäischer Einwanderer im 20. Jahrhundert, werden auch Französisch und insbesondere Italienisch in manchen Vierteln der

Stadt sehr gut verstanden, ein Einheimischer antwortete mir sogar einmal auf Deutsch auf eine Frage nach dem Weg, nachdem er mich als Deutsche identifiziert hatte. Verlassen sollte man sich darauf aber natürlich nicht. Wenn man nicht ständig mit einer größeren Reisegruppe unterwegs ist, sollte man entweder Spanisch oder Englisch beherrschen, um sich in Montevideo problemlos zurechtzufinden.

WIND UND WETTER

Gerade an den Küstenregionen ist das Klima gemäßigt und erinnert an die klimatischen Bedingungen im Norden Spaniens oder Italiens. Es gibt klar definierte Jahreszeiten, im Sommer, also dem Zeitraum etwa von November bis April, sind es hier meist 22 bis 25 Grad Celsius, im Winter, also von Mai bis Oktober, liegt die Durchschnittstemperatur allerdings nur bei 10 Grad Celsius, man sollte also im Sommer nicht für einen Strandurlaub nach Montevideo reisen. Generell ist ein Urlaub in Montevideo eher im Sommer, also dem europäischen Winter, zu empfehlen, kommt es im uruguayischen Winter doch auch des Öfteren zu leichten Überschwemmungen, verursacht durch die kalten Winde, die auf die Küste treffen. Das Klima in den Sommermonaten ist also deutlich angenehmer und erholsamer.

Sehenswürdigkeiten

PLAZA INDEPENDENCIA UND CIUDAD VIEJA

Montevideo ist eine der Städte, die man genießen und erleben kann, ohne eine einzige klassische Sehenswürdigkeit besucht zu haben. Die Stadt bietet viele kleine Schätze, die Sie in keinem Reiseführer der Welt finden, die aber einen Besuch mehr als lohnenswert machen. Dennoch ist es natürlich interessant, zumindest ein paar Orte zu besuchen, die Ihnen von jedem Reiseanbieter empfohlen werden. Insbesondere Fans von historischen Monumenten oder Museen werden in Montevideo ihre Freude haben.

Einer dieser Orte ist die Plaza Independencia, der "Unabhängigkeitsplatz", im Zentrum Montevideos. Dieser ist kaum zu übersehen, wenn man sich einmal in der Nähe befindet, schließlich thront eine 17 Meter hohe und 30 Tonnen schwere Reiterstatue des Nationalhelden Jose Gervasio Artigas in der Mitte des Platzes. Artigas gilt als Vater der Unabhängigkeit Uruguays von der spanischen Krone und wird auch pathetisch als der "Beschützer der freien Völker" bezeichnet. Unterhalb der Statue befindet sich, auf den ersten Blick leicht zu übersehen, ein Mausoleum, in welchem die Gebeine des Generals und Politikers in einer riesigen Urne aufgebahrt sind. Dieses kleine Museum ist durchaus sehenswert, vor allem durch seine puristische Architektur und seine karge Beleuchtung, die den Besucher direkt spüren lassen, dass es sich hierbei um einen besonderen Ort handelt. Die Urne wird rund um die Uhr von der Nationalgarde bewacht.

Der Platz selbst bietet derweil sowohl jede Menge Futter für Touristen und Sightseeing, auf der anderen Seite ist es aber genauso entspannt, sich einfach mit einem Getränk (am besten natürlich mit einem Mate) auf eine der Bänke zu setzen und dem bunten Treiben ein wenig beizuwohnen. Der "Platz der Unabhängigkeit" ist sehr belebt und dennoch nicht hektisch, er bietet eine wunderbare Gelegenheit, sich mit einem guten Buch zu entspannen und ein wenig von der Atmosphäre aufzusaugen.

Wenden Sie Ihren Blick von der Vorderseite der imposanten Reiterstatue des Generals Artigas in Richtung der Kreuzung zur "Avenida de 18 de Julio", wird Ihnen ein riesiges Art-Déco-Gebäude auffallen, die Rede ist vom "Palacio Salvo". 1922 wurde dieses Gebäude im Auftrag der beiden Brüder und erfolgreichen Textilhersteller José und Lorenzo Salvo entworfen, 1928 schließlich eingeweiht.

105 Meter Höhe misst dieses atemberaubende Bauwerk, an dessen Architektur man sich nicht sattsehen kann. Der Palacio Salvo war bis zum Jahre 1935 das höchste Gebäude Südamerikas. Zur damaligen Zeit erntete das prunkvolle Haus einige Kritik, doch mittlerweile wird es als eines der Wahrzeichen Montevideos hochgeachtet. In manchen Menschen ruft der prunkvolle Baustil sogar eine Art Nostalgie hervor, wie mir erzählt wurde, man fühle sich an die großen Zeiten der wirtschaftlichen Prosperität Uruguays in der ersten Hälfte des 20. Jahrhunderts erinnert. Diese Nostalgie hat jedoch nichts Schwermütiges oder Deprimiertes, dafür sind die Uruguayer viel zu fröhlich und gut gelaunt. Der Palacio Salvo scheint eher ein Relikt aus einer guten Zeit zu sein, auf die man in dem Land zu Recht stolz ist.

Südlich des Platzes befindet sich das "Edificio Ciudadela", ein Relikt des Baubooms in Montevideo in den späten 50er- und frühen 60er Jahre des vergangenen Jahrhunderts. Es beherbergt sowohl Büros als auch Wohnungen. In unmittelbarer Nähe ist das "Teatro Solis", das Nationaltheater Uruguays, zu bestaunen. Theaterbesuche sind, wie übrigens auch beinahe sämtliche Museen des Landes, kostenlos. Somit kommen auch Freunde der Hochkultur in Montevideo auf ihre Kosten.

Westwärts der Plaza Independencia findet man ein historisches Überbleibsel längst vergangener Tage: das mittlerweile freistehende Stadttor ("Puerta de la Ciudadela"), das letzte erhaltene Stück der historischen Stadtmauer. Geht man durch dieses Tor hindurch, befindet man sich in der "Calle Sarandi", mitten in der eigentlichen Altstadt Montevideos. Ein Bummel durch die anschließende Fußgängerzone lohnt sich auf alle Fälle, neben Bekleidungsgeschäften oder Restaurants (teilweise auch in Europa bekannten Schnellrestaurants) gibt es wunderschöne Art déco-Bauten im französisch-spanischen Kolonialstil zu bestaunen, allein die Hausfassaden sind einen oder mehrere Blicke wert.

Als Freundin der Literatur kam ich nicht umhin, die "Libreria Puro Verso" zu besuchen, eine Buchhandlung wie man sie hierzulande nur noch aus historischen Filmen kennt. In den meterhohen

Massivholzregalen findet man von zeitgenössischer spanisch-, englisch- und französischsprachiger Literatur über Werke großer südamerikanischer Autoren wie Gabriel Garcia Márquez oder Mario Vargas Llosa bis hin zu Klassikern der Weltliteratur einfach alles, was das Herz begehrt. Schließlich kaufte ich mir ein Buch von Garcia Márquez, obwohl mir bewusst war, dass es schwierig für mich werden könnte, ein solches Werk auf Spanisch zu lesen. Sollten Sie ein Faible für Bücher und Literatur haben, dürfen Sie es keinesfalls verpassen, diesen Ort zu besuchen, selbst wenn Sie nichts kaufen.

Ähnliches gilt, falls Sie gerne Kirchen besuchen (ob aus religiösen Gründen oder aus Interesse an Architektur), für die "Catedral Metropolitana", die Hauptkirche der Katholiken in Montevideo. Dementsprechend prachtvoll ist sie ausgestattet, auch für Nichtreligiöse ist diese Kirche sicherlich beeindruckend. Sie ist ebenfalls zentral in der Ciudad Vieja, der Altstadt, gelegen. Ohnehin ist dies eine große Qualität Montevideos, die Wege sind sehr kurz. Ist man einmal in der Altstadt, reihen sich die Sehenswürdigkeiten nur so aneinander. Sitzgelegenheiten und kleine Grünflächen säumen die lange Straße, sodass immer die Möglichkeit einer kleinen Verschnaufpause besteht. Die Kalebasse, das klassische

Gefäß, inklusive Metallstrohhalm, aus welcher der Uruguayer seinen Mate trinkt, kann man hier überall kaufen, an den Kiosken prangt meist die Aufschrift: "Heißes Wasser hier", die Versorgung mit Mate ist also gesichert.

Ungewöhnlich und daher auch leicht zu übersehen, liegt das Museum mit den Werken des uruguayischen Künstlers Joaquin Torres Garcia direkt in der Fußgängerzone neben Bekleidungsgeschäften und kleinen Supermärkten. Um einen Eindruck von der Kunst des Landes zu gewinnen, lohnt sich der Besuch des unscheinbaren Museums, das im Gegensatz zu den anderen Museen Montevideos ein paar wenige Pesos Eintritt kostet, allemal.

Schließlich gilt Joaquin Torres Garcia als der bedeutendste Künstler seines Landes. Beim Besuch des Museums fühlt man sich nicht nur durch das Betrachten der Bilder in die Zeit des Künstlers (1874-1949) zurückversetzt. Aus dem Stäbchenparkett bröckeln die Stäbchen, die Holzdielen knarren gnadenlos, sobald man sie betritt, doch gerade diese Atmosphäre bringt einem die Kunst eines Mannes näher, der sich mit der Zeit in verschiedenen Stilen ausprobiert hat und zudem ein Standardwerk zur Kunsttheorie verfasst hat (eine Originalausgabe davon ist ebenfalls im Museum zu sehen).

Eindrucksvoll wird der Weg des Künstlers nachgezeichnet, der in Montevideo beginnt, ihn über Barcelona, New York, Nizza, Paris und Madrid schließlich in seine südamerikanische Heimat zurückführte.

Trotz der vielen Händler und der kleinen Stände, an denen auch Hüte, Schmuck oder Bücher angeboten werden, fühlt man sich nie belästigt, keiner der Händler*innen ist wirklich penetrant oder versucht einem etwas aufzuschwatzen. Die meisten sitzen, typisch Montevideo, vollkommen entspannt neben ihrem Stand und genießen die Sonne, manche freuen sich auch auf einen Plausch, unabhängig davon, ob man tatsächlich etwas kauft oder nicht. Die wirklichen Souvenirläden, die lediglich für Touristen gedacht sind, findet man erst, wenn man die Seitenstraßen der Ciudad Vieja erkundet.

Wenn man unbedingt Magnete, T-Shirts oder Tassen mit der Aufschrift "I love Montevideo" kaufen will, kann man also ebenfalls fündig werden, schöner ist jedoch meist tatsächlich die Ware der kleinen Händler, die viel liebevoller gefertigte Produkte zu günstigen Preisen anbieten. Die meisten akzeptieren neben Pesos auch US-Dollar und manche nehmen sogar die VISA-Karte als Zahlungsmittel an.

Schlendert man lange genug durch die Seitengassen der Ciudad Vieja und bestaunt dabei die wunderschönen Kolonialstil-Fassaden, gelangt man irgendwann zum Meer, an der Kaimauer kann man wunderbar verschnaufen und dabei den Blick über die Weite des Ozeans schweifen lassen.

Wenn Sie windempfindlich sind, sollten Sie jedoch Vorsicht walten lassen. Ist man in der Altstadt noch weitestgehend vor Wind geschützt, weht einem hier eine steife Brise um die Ohren.

PARQUE RODÓ

Stellen Sie sich vor, Sie schlendern an der kilometerlangen Strandpromenade Montevideos entlang, hier weht fast immer ein angenehmer Wind, der Strand ist, egal um welche Uhrzeit, immer mit Menschen gefüllt, die schwimmen, Fußball und Volleyball spielen oder einfach nur in der Sonne liegen, um sich zu entspannen. Ein "Hunde-verboten"-Schild steht direkt hinter den Treppenstufen, die von der Promenade zum eigentlichen Strand hinabführen. Das heißt jedoch nicht, dass keine Hunde am Strand zu sehen sind, die Tiere sind, wie überall in den südamerikanischen Städten, sehr beliebt. Ein wenig südamerikanische Anarchie herrscht also auch im "westlichen" Montevideo. Die Promenade ist bei Joggern beliebt, ob jung, ob alt, hier wird der Hitze getrotzt und Sport getrieben. Passenderweise finden sich in den kleinen Grünanlagen, wenige Meter vom Meer entfernt entlang der Küste, Fitnessgeräte, die jede/r kostenlos benutzen kann. Für sportliche Betätigungsmöglichkeiten wird also nicht nur für Betuchtere gesorgt, denen in der Nähe des Strandes ein riesiges Golfareal zur Verfügung steht, sondern auch "Normalsterbliche" können hier Sport treiben und sich im Anschluss daran an einem der Kioske und Tankstellen entlang der Promenade eine Erfrischung gönnen.

Außerdem befindet sich auf dieser Strecke, die man am besten bei gutem Wetter zu Fuß entlangschlendert (Radfahrer und Skater sind zwar en masse unterwegs, man bekommt aber durch langsames Spazierengehen deutlich mehr mit), ein Holocaustmahnmal, das ich zugegebenermaßen in Montevideo nicht erwartet hätte. Es besteht hauptsächlich aus rosafarbenen Granitsteinen, außerdem befinden sich dort eine Gedenktafel und angedeutete Eisenbahnschienen, die ins Nichts zu führen scheinen. Fast hätte ich es übersehen, Ihnen zu sagen, dass es sich bei diesem Ehrenmal nicht um Kunst handelt, sondern um ein Stück Erinnerungskultur, gestiftet von der jüdischen Gemeinde Montevideos. Auch an einem solchen Ort, wie der Strandpromenade, der so fröhlich und so schön ist, an dem man stundenlang zufrieden verweilen könnte, muss ich für einen kurzen Moment schlucken und innehalten. Doch es passt auch zu der Fröhlichkeit, zu der Lebensfreude hier im Land, dass es eben keine düstere Gedenkstätte ist, nicht außerhalb der Stadt gelegen in einem finsteren Wald. Das Mahnmal liegt inmitten der Sonne, 100 Meter weiter spielen die Kinder Fußball am Strand. Es zeigt: Diese Erinnerung ist alltäglich, wir lassen uns unsere Fröhlichkeit nicht nehmen, aber wir gedenken dessen, was gewesen ist.

Setzt man sich auf eine der in die Strandmauer eingelassenen Bänke, kurz nachdem auf der anderen Straßenseite ein kleiner Freizeitpark zu erkennen ist, befindet man sich in unmittelbarer Nähe einer weiteren Sehenswürdigkeit Montevideos. Der Parque Rodó ist ein weit ausgedehnter Park, der dem gleichnamigen Stadtteil seinen Namen verleiht. Auch wenn der Park sehr zentral gelegen ist und in jedem Reiseführer über Montevideo erwähnt wird, ist er nicht mit dem New Yorker Central Park oder dem Londoner Hyde Park zu vergleichen, dafür ist es hier viel zu ruhig, Straßenmusiker, Bettler oder Debattierclubs sucht man hier vergebens, die meisten

Menschen liegen oder sitzen einfach auf der Wiese und genießen die Ruhe, Musik bringt sich jeder selbst mit. An ein paar Tischen sitzen ältere Herren und spielen Schach. Inmitten des Parks befindet sich ein kleiner See und direkt daran anschließend ein Café. Man kann sich hier Tretboote mieten und eine kleine Rundfahrt über den See machen, obwohl dieser nicht besonders ausgedehnt ist, gibt es etwas zu sehen, zum Beispiel die Vögel und Frösche, die sich in und um den See eingenistet haben und sich hier rege tummeln.

Doch auch ohne Tretboot lohnt es sich, in dem Café zu sitzen, die Aussicht und vor allem die Ruhe zu genießen. Wer Entschleunigung sucht, wird sie nicht wieder so schnell finden wie im Parque Rodó. Hier scheint die Uhr tatsächlich für ein paar Stunden stillzustehen. Als ich längere Zeit auf einem der Klappstühle sitze, den See betrachte und einen Mate dabei trinke, werde ich schließlich von einer Gruppe brasilianischer Touristen als Einheimische identifiziert und angesprochen. Ich scheine mich also gut in den Rhythmus Montevideos und insbesondere des Parque Rodó hineingefunden zu haben.

Ganz in der Nähe des Parks befinden sich übrigens, in ziemlich unscheinbaren Gebäuden, weitere Sehenswürdigkeiten beziehungsweise bedeutende

Institutionen des Landes, wie zum Beispiel die technische Fakultät der nationalen Universität oder der Hauptsitz der "Mercosur", einer Freihandelszone lateinamerikanischer Staaten, in etwa vergleichbar mit dem Binnenmarkt der Europäischen Union.

Mercosur ist eine Abkürzung für "Mercado común del sur", also zu Deutsch: gemeinsamer Markt des Südens, gemeint ist der Süden Amerikas. Nicht alle südamerikanischen Staaten sind Mitglieder der Mercosur, offiziell sind Argentinien, Brasilien, Uruguay, Paraguay und Venezuela Mitglieder der Freihandelszone, wobei Venezuela einen Sonderfall darstellt, aufgrund der aktuellen politischen Situation ist das Land suspendiert, ist also für eine unbestimmte Zeit aus der Organisation ausgeschlossen. Laut dem Gründungsvertrag der Mercosur dürfen nur Demokratien als Mitglieder geduldet werden, womit man in erster Linie verhindern wollte, dass südamerikanische Staaten in die Diktatur zurückdriften.

Die übrigen Staaten des Kontinents, Peru, Bolivien, Ecuador, Kolumbien, Chile, Guayana und Suriname sind "assoziierte Mitglieder", das entspricht in etwa den "EU-Beitrittskandidaten". Doch auch schon ohne deren feste Mitgliedschaft umfasst der Binnenmarkt 260 Millionen Menschen und 72 Prozent der

Fläche Südamerikas. Die Mercosur erwirtschaftet etwa ein Bruttoinlandsprodukt von 1 Milliarde US-Dollar1. Zum Vergleich: In der Freihandelszone der Europäischen Union wurden 5,1 Billionen Euro, etwa 5,6 Billionen US-Dollar, allein im Jahr 2018 erwirtschaftet2.

MUSEO NACIONAL DE ARTES VISUALES

Direkt an die Ausläufer des Parque Rodo angrenzend liegt das "Museo Nacional de Artes Visuales", das Nationalmuseum Uruguays. Der Eintritt ist auch für Touristen kostenlos. Von klassischer Malerei, die sich für das ungeschulte Auge kaum von den Werken der "Alten Meister" in Europa unterscheiden lässt, bis hin zu Skulpturen, Holzschnitten und moderner sowie abstrakter Kunst, bietet dieses Museum alles, was das kulturinteressierte Herz begehrt.

Werke bekannterer Künstler, die in dem Museum ausgestellt sind, sind unter anderem Juan

---

1(https://de.sputniknews.com/world/20081028/117993290.h
tml), zuletzt abgerufen am 04.04.2020
2(https://de.statista.com/statistik/daten/studie/222901/umfr
age/bruttoinlandsprodukt-bip-in-dereuropaeischen-union-
eu/), zuletzt abgerufen am 04.04.2020

Manuel Blanes (1830-1901), der bevorzugt historische Motive, meist Ausschnitte aus dem Leben der Gauchos, malte. Seine Stilrichtung ist dem Realismus zuzuordnen. Ebenfalls bekannt ist Pedro Figari (1861-1938), der nicht nur Maler, sondern auch Journalist und Politiker war. Er malte überwiegend Alltagsszenen aus Montevideo. Wer noch nicht genug von Joaquin Torres Garcia hat oder sich das Museum in der Ciudad Vieja nicht angesehen hat, dem wird hier die Möglichkeit geboten, weitere Werke von Uruguays Nationalkünstler zu bestaunen.

Für den ersten Stock des Museums sollten Sie eine Jacke mitnehmen, die Klimaanlage ist meistens voll aufgedreht und wenn man ein wenig länger verweilen möchte, um sich die ausgestellten Kunstwerke näher zu betrachten, kann es doch recht kühl werden.

STADION PEÑAROL MONTEVIDEO

Eingangs hatte ich bereits angedeutet, dass auch Fußballfans den Kontinent Südamerika am ehesten mit den beiden Nationen Argentinien und Brasilien in Verbindung bringen werden, was auch an dem einen oder anderen spannenden Finalspiel zwischen Deutschland und der argentinischen "Albiceleste" sowie ein historisches 7:1 der DFB-Auswahl gegen Brasilien bei der Weltmeisterschaft 2014 liegen könnte.

Doch die Geschichte des größten und bedeutendsten Fußballturniers der Welt beginnt in Uruguay, im Jahre 1930. Vier europäische Teams sind mit dabei: Frankreich, Jugoslawien, Rumänien und Belgien reisen die rund 10.000 Kilometer mit dem Schiff und kommen nach etwa 2 Wochen im Hafen in Montevideo an. Im Finale dieses Turniers treffen die himmelblauen Uruguayer auf den großen Nachbarn aus Argentinien und behalten mit 4:2 die Oberhand. Der erste Fußballweltmeister der Geschichte ist der Gastgeber des Turniers – Uruguay.

Herausragender Spieler in den Reihen des Titelgewinners ist dabei José Leandro Andrade, der heute als der erste "Weltstar" des Fußballs gelten kann, in den 1920er- und 1930er-Jahren ist er zweifelsohne der beste Spieler der Welt, zudem der erste dunkelhäutige Spieler, der internationale Aufmerksamkeit durch den Fußballsport erringt. Dort wo die Karriere Andrades begann, steht heute ein Stadion, das von seiner bloßen Optik her auch gut und gerne noch aus der damaligen Zeit stammen könnte.

Es ist das "Estadio Campeón del Siglo", ein verheißungsvoller Name, der auf die einstige Größe des

Clubs hindeutet, der hier seine Heimspiele austrägt: Peñarol Montevideo. In den 50er- und 60er-Jahren des vergangenen Jahrhunderts gewann Peñarol (benannt nach dem Stadtteil) mehrfach die Copa Libertadores, das südamerikanische Pendent zur Champions League und konnte zudem im Finale des Weltpokals niemand Geringeren als Real Madrid bezwingen, weshalb der Verein aus dem Arbeiterviertel Montevideos sich als der beste Verein der Welt bezeichnen durfte.

Heute ist der Verein, an internationalen Standards gemessen, eher Mittelmaß, doch in Montevideo hat er noch heute ungebrochene Strahlkraft, was man unschwer erkennen kann, wenn man die Straßen des Viertels Peñarol durchquert, sämtliche Hauswände in der Nähe des Stadions sind gelb und schwarz, die Vereinsfarben, auch Wappen und Graffitis, welche die bedingungslose Liebe zum Club zum Ausdruck bringen, fallen hier gehäuft auf. Auch wenn der Verein selbst nicht mehr mit der Weltspitze konkurrieren kann, hat er in seiner jüngeren Vergangenheit immer noch Spieler hervorgebracht, die dies ohne Weiteres von sich behaupten können. Unter anderem Diego Forlán (den besten Spieler der WM 2010), Cristian Rodriguez (früher FC Porto, Paris Saint-Germain) oder Federico Valverde (aktuell

Real Madrid). Eben jener Forlán ist aktuell Cheftrainer der Ersten Mannschaft Peñarols. Daher lohnt sich für Sport- und insbesondere Fußballfans ein Abstecher zum Museum, welches direkt ins Stadion integriert ist.

Das Viertel wirkt zwar auf den ersten Blick ein wenig heruntergekommen und ist in der Tat nicht so schick und gepflegt wie Punta Carretas (nahe der Strandpromenade und dem Golfplatz) oder dem bereits beschriebenen Parque Rodó, aber unsicher muss man sich hier zu keiner Zeit fühlen. Wenn es die Zeit erlaubt, und glauben Sie mir, die Zeit in Uruguay erlaubt es Ihnen mit Sicherheit, sollten Sie noch ein paar kleine Geschäfte aufsuchen, hier gibt es Obstverkäufer, Gemüsehändler und Metzger, die frische, qualitativ hochwertige Ware anbieten und dafür, nach europäischen Maßstäben, winzige Beträge verlangen. Auch den Stadtteil Peñarol erreichen sie bequem mit dem Bus, es gibt mehrere Linien, die in oder durch den Stadtteil fahren. Zum Stadion fragt man sich allerdings besser durch, es ist auf Anhieb nicht so gut zu finden, wie man vielleicht denken könnte. Auch sämtliche Taxifahrer wissen ganz genau wohin Sie möchten, wenn Sie nach dem "Estadio de Peñarol Montevideo" (sollten Sie den exakten Namen vergessen haben, Peñarol -Fans freuen sich natürlich, wenn Sie den klangvollen offiziellen Namen verwenden) fragen.

Am Wochenende findet hier zudem ein riesiger Flohmarkt statt, der – auch wenn man nichts kaufen möchte – durch laute Musik, Streetfood und die gute Laune der Besucher des Marktes, ein echter Hingucker ist.

FERIA DE TRISTÁN NARVAJA

Seit 1908 findet der riesige Flohmarkt "Feria de Tristán Narvaja" immer wieder sonntags statt. Die Straße, auf der die Händler ihre Waren hauptsächlich ausbreiten, die Avenida Tristán Narvaja, gibt dem Markt seinen Namen. Wer Flohmärkte mag, wird diesen Markt lieben.

Von (gefälschten) Markensportartikeln über alte Uhren, Metallgeschirre, Bestecke, Comics und Bücher, Spielzeuge bis hin zu alten, immerhin schussuntauglichen, Kriegswaffen findet man hier alles, was das Sammlerherz begehrt. Es riecht meist nach Gegrilltem, einige Händler haben feste Stände aufgebaut, andere stellen sich einfach mit einem kleinen Grill auf die Straße und brutzeln Würste und Fleisch. Man kann sich ohne Bedenken einen Snack genehmigen, er liegt nicht so schwer im Magen, wie man vielleicht befürchten könnte.

Nicht nur die Händler stellen Musikboxen auf, auch Straßenmusiker versuchen hier ihr Glück, im Schatten des altehrwürdigen Stadions lausche ich einem jungen Mann aus Brasilien, der gefühlvoll auf seiner Gitarre spielt. Und zwischendrin steht auch einfach mal ein Esel auf der Straße, man weiß nicht genau zu welchem Händler oder zu welchem Stand er gehört, aber warum sollte es einen auch interessieren? Friedlich steht das Tier im Schatten und beobachtet das bunte Treiben scheinbar genauso interessiert wie die Touristen und Einheimischen, die sich hier auf dem Markt vermischen.

Auch wenn Sie keine der zahlreichen Kleinode kaufen wollen, die hier feilgeboten werden, sollten Sie die Gelegenheit nutzen, sich den Flohmarkt anzuschauen. Das freundliche Chaos, welches auf dem Markt herrscht, ist ein Erlebnis für sich, es ist bunt, es ist voll und manchmal auch laut, aber niemals unangenehm. Hier lernen Sie den Lokalkolorit eines traditionellen Arbeiterviertels Montevideo bestens kennen und lieben.

ESPACIO DE ARTE CONTEMPORÁNEO - KUNST HINTER SCHWEDISCHEN GARDINEN

Es ist mit Sicherheit keine schöne Vorstellung, in einem südamerikanischen Gefängnis zu sitzen. Die erste gute Nachricht ist: Aus diesem Gefängnis können Sie jederzeit wieder hinausgehen, die zweite gute Nachricht: Dieses Gefängnis wird schon seit Jahren nicht mehr als solches genutzt. Dennoch wird einem ein bisschen mulmig, wenn man das alte, leicht verfallene Gebäude von außen betrachtet. Man kann sich durchaus vorstellen, dass hier die ein oder anderen Kriminellen gesessen haben und man kann sich ebenso gut vorstellen, dass es selbst für hartgesottene Verbrecher nicht leicht gewesen sein dürfte, Jahre ihres Lebens in einer der Zellen zu verbringen.

Umso schöner, dass man eine neue Verwendung für das Gebäude gefunden hat: Hier wird nämlich Kunst ausgestellt. In den Zellen können Sie Installationen weniger bekannter Künstler, hauptsächlich aus Spanien und Südamerika bestaunen. Die Ausstellungen wechseln, wenn Sie sich länger in Montevideo aufhalten, könnten Sie mit etwas Glück verschiedene Ausstellungen besuchen. Die Atmosphäre jedenfalls ist ziemlich einzigartig, die Kunstwerke haben in der Regel eine starke Wirkung. Falls Sie mit Kindern unterwegs sind, denen diese spezielle Kunstform weniger zusagt, können Sie den Kinderspielplatz direkt neben dem Gebäude nutzen.

Dieser ist, wie auch der Eintritt für das Museum, kostenlos. Auf demselben Gelände befindet sich übrigens das Naturkundemuseum, dieses ist allerdings nicht so beeindruckend und besonders wie der "Espacio de Arte Contemporáneo", der "Raum der zeitgenössischen Kunst", den Sie sich auf alle Fälle anschauen sollten. Vom Stadtzentrum aus gesehen brauchen Sie circa 20 bis 30 Minuten, um hierher zu gelangen.

(Geheim-)Tipps

UNTERKÜNFTE

Für eine Unterkunft in Montevideo müssen Sie kein Vermögen ausgeben. Direkt in der historischen Altstadt gelegen, befindet sich das "Circus Hostel und Hotel". Die Zimmer sind einfach aber sehr gemütlich und sauber, ein kleines Highlight bietet die Dachterrasse. Ein Zimmer bekommen Sie hier ab 30 Euro pro Nacht, wenn Sie Glück haben und ein Angebot erwischen, geht es bei circa 20 Euro pro Nacht los. Die Anschrift lautet: Treinta y Tres 1274, 11000 Montevideo, Departamento de Montevideo, Uruguay.

Wenn Sie lieber ein wenig außerhalb der Innenstadt und dafür näher am Strand oder am Parque Rodó wohnen möchten, ist das BIT Design Hotel eine gute Adresse. Die Zimmer sind elegant eingerichtet, es gibt einen kleinen Fitnessraum und eine Terrasse, allerdings im dritten Stock und nicht ganz oben auf dem Dach. Um die Sonne zu genießen, ist die Terrasse dennoch bestens geeignet. Sie befinden sich außerdem in der Nähe des Einkaufszentrums Punta Carretas, von wo aus auch jede Menge Buslinien in sämtliche Richtungen fahren. Hier sollten Sie etwa 50 Euro pro Nacht einplanen. Adresse: Ramón Fernández 265, 11300 Montevideo, Departamento de Montevideo, Uruguay.

Noch näher am Parque Rodó und auch für die etwas schmalere Brieftasche erschwinglich, ist das MedioMundo Hostel. Hier sind Sie in direkter Nachbarschaft zum Park, von wo aus auch das Meer in Kürze zu erreichen ist. Es handelt sich um ein klassisches Hostel, bietet aber den ein oder anderen kleinen Luxus. Neben der urigen Einrichtung gibt es einen Fahrradverleih und zum Frühstück wird selbstgemachtes Brot serviert. Für eine Nacht bezahlen Sie, je nachdem wie hoch Ihre Ansprüche an das Zimmer sind, zwischen 20 und 40 Euro. Die Anschrift lautet Juan Paullier 1004, Parque Rodó, 11200 Montevideo, Uruguay.

RESTAURANTS UND BARS

Testa di Porko

Sollten Sie sich im Stadtteil Punta Carretas niederge-lassen haben oder sollten Sie dort in der Nähe sein, um das gleichnamige Shoppingcenter zu besuchen, finden Sie etwa 200 Meter von dort entfernt und auf den ersten Blick kaum sichtbar das Restaurant "Testa di Porko". Anders als der Name vielleicht ver-muten lässt, wird dort nicht nur Schweinefleisch ser-viert, sondern (selbstverständlich) Rindfleisch, dar-über hinaus fangfrischer Fisch.

Zum Trinken empfiehlt sich, wenn einem der Sinn nicht gerade nach einem guten Wein steht, ei-nes der Craftbiere, die im eisgekühlten Glas serviert werden. Das Essen ist sehr gut und die Einrichtung des Restaurants ist gemütlich und folgt dem Ret-rotrend der letzten Jahre. Bei schönem Wetter set-zen Sie sich am besten auf die überdachte Terrasse und genießen die kühle Abendluft.

Groß aufgetischt wird hier nämlich erst ab 20:00 Uhr, vorher isst man in Uruguay ohnehin sel-ten zu Abend. In Englisch, Spanisch und Portugie-sisch können Sie problemlos kommunizieren, der In-haber spricht sogar ein paar Brocken Deutsch. Die Adresse lautet: José Luis Zorrilla de San Martín 293.

Wenn Sie sich nicht in fußläufiger Entfernung zum Restaurant befinden, nehmen Sie am besten einen Bus in Richtung Punta Carretas und steigen am Einkaufszentrum aus. Von dort aus sind es noch 200 Meter.

Bar Tabare

Wiederum in unmittelbarer Nähe finden Sie eine Bar, die durch ein tolles Ambiente und gute Getränke zu überzeugen weiß: die "Bar Tabare". Diese Bar ist nicht "Retro", sie ist einfach schon etwas älter, umso atmosphärischer ist sie.

Neben Getränken wird auch leichte Küche angeboten, wenn Sie kein großes Stück Fleisch essen wollen oder es zuvor im benachbarten Testa di Porko schon getan haben, können Sie hier fündig werden. Die Getränke sind aber eindeutig noch besser als das Essen, lassen Sie sich von der netten Bedienung einen Wein empfehlen oder bedienen Sie sich an einem der großen Kühlschränke, die so aussehen, als stünden Sie schon ewig dort und würden seit Generationen von Gastwirten mit frischen Getränken befüllt. Unter der Anschrift José Luis Zorrilla de San Martín 154 finden Sie eine gute Atmosphäre bei leckeren Drinks und Appetithäppchen.

La Hacienda

Eher ein Geheimtipp und weniger bekannt ist die Bar "La Hacienda" in Pocitos. Sie ist ziemlich versteckt, man muss durch eine kleine Seitenstraße laufen, doch der Weg lohnt sich. Klein, aber fein trifft wohl auf wenige Lokalitäten so gut zu wie auf die "Hacienda". Die rustikale Einrichtung ist urgemütlich und lädt zum Verweilen bei einem oder eher mehreren Drinks ein.

Hier treffen ältere Leute, die wahrscheinlich schon seit sehr vielen Jahren in diese Bar gehen, um Bier oder Wein zu trinken, auf ein sehr junges Publikum. Gelegentlich tummeln sich hier durchaus Gruppen von "Hipstern", die bei einem Getränk zusammensitzen, Pläne schmieden und über die Welt im Großen und Ganzen debattieren. Tango wird auch getanzt, man räumt schnell einen Tisch und ein paar Stühle beiseite und fertig ist die Tanzfläche.

Die Preise für die Getränke sind sehr moderat, man muss also nicht steinreich sein, wenn man hier einen ganzen Abend (und einen Teil der Nacht) an der Bar verbringen will, um einfach abzuschalten, zu entspannen und bei einem Bier an einem absolut kultigen Ort den Tag ausklingen zu lassen. Saugen Sie die Atmosphäre Pocitos´ auf: Eufemio Masculino, 11300 Montevideo, Departamento de Montevideo,

Uruguay. Falls es Ihnen wider Erwarten in der "La Hacienda" nicht gefallen sollte, müssen Sie zumindest nicht weit laufen, um zur nächsten Alternative zu gelangen. In Pocitos gibt es so viele Bars, dass mit Sicherheit für jeden Geschmack etwas dabei ist.

Mercado del Puerto

Im Grunde handelt es sich beim "Mercado del Puerto" nicht im klassischen Sinne um ein Restaurant, sondern um eine große Markthalle, die wiederum zahlreiche Stände und kleine Restaurants beherbergt, bei denen man sich den Bauch vollschlagen kann. Sollten Sie schon einmal in der Kleinmarkthalle in Frankfurt am Main gewesen sein, werden Sie sich beim Besuch des Mercado del Puerto daran erinnert fühlen, nur dass dieses Gebäude noch etwas größer ist.

Die uruguayische Gastronomiekultur kann man in all ihrer Vielfältigkeit wohl nirgends so gut erleben wie hier. Die Markthalle befindet sich in der Nähe des Zentrums, wenn Sie also ohnehin vorhaben, die Ciudad Vieja zu besuchen, was Sie unbedingt tun sollten, wenn Sie schon einmal in Montevideo sind, dann müssen Sie nicht lange laufen. Neben kulinarischen Köstlichkeiten gibt es auch Kleinkunst und Kunsthandwerk zu kaufen, der Fokus liegt hier aber eindeutig auf der Gastronomie, was auch dadurch deutlich wird, dass selbst die edelsten Restaurants der Stadt mit einem Stand in der Markthalle vertreten sind.

Etikette oder gar Standesdünkel sind hier dennoch gänzlich fehl am Platz, es geht rustikal zu an den Verkaufstheken des Mercado del Puerto. Wer es nobler und stilvoller mag, wird im ersten Stock des 10 Meter hohen Gebäudes aus dem Jahre 1868 fündig, dort geht es ein wenig gesitteter zu, dafür verpasst man natürlich die Chance, sich mitten ins Getümmel zu stürzen und die landestypische (Gastronomie-)Kultur Uruguays aus nächster Nähe zu erleben. Für Fleischliebhaber ist die Markthalle ein kleines Paradies.

Wenn Sie des Nachts jedoch der Hunger überkommt, müssen Sie sich einen anderen Ort zur Nahrungsbeschaffung suchen, im Gegensatz zu den "normalen" Restaurants hat der Mercado del Puerto nachts geschlossen. Adresse: Rambla 25 de Agosto de 1825 228.

FINANZIELLES

Die Währung in Uruguay ist der Uruguayische Peso. Sie erhalten Münzen im Wert von 1, 2, 5, 10 und 50 Pesos sowie Banknoten im Wert von 20, 50, 100, 200, 500, 1000 und 2000 Pesos. Den "50ger" gibt es also sowohl als Münze, als auch als Schein. Wundern Sie sich nicht, beide sind offizielle Zahlungsmittel, man hat Ihnen kein Falschgeld angedreht.

Die Währung ist im Vergleich zum Euro ziemlich schwach, Stand 02. April 2020 ist 1 Euro ungefähr 0,021 Uruguayische Pesos wert. Ein anschauliches Beispiel, wie sich die Währungen zueinander verhalten, liefert das Busticket: Es kostet 40 Uruguayische Pesos, das sind umgerechnet 84 Eurocent. Sie haben als Reisende*r also Glück, durch die schwache Währung in Uruguay können Sie sich Hotels, Speisen, Getränke und Produkte anderer Art (Kleidung, Bücher...) leisten, die für uruguayische Verhältnisse teuer sind, ohne wirklich viel von Ihrem Ersparten ausgeben zu müssen.

Geld können Sie direkt am Flughafen wechseln, dort wird auch der Euro akzeptiert, die Kurse sind allerdings nicht ganz so gut wie anderorts. Wenn Sie in Einkaufszentren oder bei Banken Geld wechseln wollen, sollten Sie US-Dollar dabeihaben, mit dem

Euro kann man hier meist wenig anfangen, Dollar können Sie aber überall wechseln, wo Währungsumtausch angeboten wird. Sie sollten also sicherheitshalber ein paar US-Dollar mitnehmen, in Deutschland an Uruguayische Pesos zu kommen ist nämlich praktisch ein Ding der Unmöglichkeit.

Sie können natürlich auch an der Rezeption Ihres Hotels nachfragen, ob ein Geldwechsel möglich ist, erfahrungsgemäß haben die meisten Hotels und Hostels aber nur geringe Bargeldbestände, weshalb Sie am besten eine Bank oder ein Einkaufszentrum aufsuchen, in diesen befindet sich meist ein Anbieter, der Ihnen US-Dollar in Pesos wechselt.

FEIERN UND FESTE

Karneval

Weitaus weniger pompös als zum Beispiel in Rio de Janeiro, aber dafür umso sehenswerter, ist der Karneval in Montevideo. In einem kleinen Amphitheater in der Stadt finden sich langsam, aber sicher die Leute ein, die der gleich dargebotenen Vorstellung beiwohnen wollen. Es wird natürlich Mate getrunken, ein Grill darf ebenfalls nicht fehlen, Würste und Steaks brutzeln in der kühlen Abendluft vor sich hin. Und dann beginnt sie: die Murga.

Es ist eine Art bunte Satire, genauso bissig aber nicht so bieder und steif wie politisches Kabarett in Deutschland. Schauspieleinlagen werden hier mit opernhaften Gesängen, Tänzen und einer gehörigen Portion Gesellschaftskritik kombiniert. Heute Abend werden hier 3 verschiedene Murgas aufgeführt. In den Theatern haben die Vorstellungen zur Karnevalszeit Hochkonjunktur, aber auch auf der Straße oder am Strand werden sie dargeboten. Der Eintritt in die Theater kostet 50 Pesos, nicht einmal 2 Euro, denn auch die Theater werden, wie die staatlichen Museen, stark vom Staat gefördert. Die Mächtigen sind also scheinbar sogar bereit, die Kritik an ihnen in Form der Murgas mitzufinanzieren. Ein Modell, das hier in Europa kaum mehr denkbar wäre. Im Anschluss an die Vorstellung bleiben viele noch sitzen oder ziehen in eine der umliegenden Bars um. Es wird weiterhin diskutiert, ob bei einem Bier in einer Kneipe oder im Amphitheater mit der Kalabasse voll mit Mate.

Politik scheint die Leute hier zu beschäftigen, die Diskussionen verlaufen ähnlich kontrovers wie die Streitgespräche über Fußball, bleiben aber natürlich jederzeit friedlich. Man bekommt mit, was die "kleinen Leute", wie sie von Politiker*innen ja immer gerne genannt werden, über die große Politik denken, es ist ein Stück weit auch die Philosophie der Straße, der man hier lauschen kann. Sollten Sie also im Zeitraum Januar bis März in Montevideo sein, sollten Sie es nicht verpassen, sich eine oder mehrere Murgas anzusehen, wo sich bunte Kostüme, Gesang und Tanz mit Politik und Satire vereinen.

Weihnachten
Wenn Sie aber bereits früher nach Montevideo reisen und zur Weihnachtszeit dort ankommen, werden Sie die Stadt noch gelassener erleben, als sie die meiste Zeit ohnehin schon ist. Die Stimmung ist gelöst und die Uruguayer*innen wären keine Uruguayer*innen, wenn sie dem nahenden Fest nicht in einer ausgelassenen Feierlaune entgegenfiebern

würden. Am 24.12. werden nach Feierabend gerne einmal die Kalender aus dem Fenster geworfen, um das Ende des Kalenderjahres einzuläuten, zwischen den Jahren steht das Geschäftsleben nämlich relativ still. Rund um den Mercado del Puerto findet eine große Feier statt, bei der sich viele nach Lust und Laune betrinken und am Ende gipfelt alles in einer Wasserschlacht. Die anschließenden Feiertage sind dafür von verhältnismäßiger Ruhe geprägt. Viele Geschäfte und auch Restaurants haben an den Weihnachtsfeiertagen geschlossen.

Sie sollten also vorher abklären, welche Lokalitäten in Ihrem Umkreis in dieser Zeit geöffnet haben oder entsprechend vorsorgen und sich mit ein paar Vorräten eindecken. Weihnachten in Montevideo lohnt sich natürlich schon aufgrund des Klimas. Statt Schneematsch und unangenehmer Kälte können Sie das Fest zur Geburt Christi bei über 20 Grad Celsius und in der Regel strahlendem Sonnenschein genießen.

Ein paar Worte zum Schluss

Sollte Ihre Sehnsucht nach Montevideo, der gediegenen und entschleunigten Hauptstadt Uruguays, geweckt worden sein, so hoffe ich, dass Sie sich mit den gegebenen Informationen vor Ort gut zurechtfinden können.

Ein Reiseführer, egal wie detailliert, egal wie umfangreich er sein mag, kann natürlich niemals das innerste Gefühl, die Stimmung, die sich in Ihnen einstellt, wenn Sie durch die Stadt laufen, die Bilder, die sich in Ihrem Kopf verfestigen werden, in Gänze beschreiben. Jedoch ist es das Ziel dieses Buches, und mein persönliches Ziel als Verfasserin dieses Beitrags, dass wir Ihnen eine Vorstellung davon vermitteln, wie die Orte der Welt, die hier beschrieben werden, auf uns gewirkt haben, die wir für Sie besucht und erlebt haben.

Vielleicht werden Sie einige Orte vollkommen anders wahrnehmen, vielleicht werden Sie manche Orte, die hier ausdrücklich positiv erwähnt werden, für gewöhnlich erachten und im Gegenzug dazu finden Sie selbst einen oder mehrere Orte, die Sie tief berühren und die noch kein Reiseführer jemals erwähnt hat. Und ist nicht gerade diese Tatsache das Schöne an Reisen? Dass man sich nicht auf Erfahrungsberichte, auf Empfehlungen und Rezensionen verlassen muss, sondern dass man selbst erlebt, was andere nur beschreiben? Dieser Reiseführer, diese vorausgegangene Beschreibung Montevideos, wie ich es erlebt habe, ist keinesfalls das Ende, das Fazit einer Reise, sondern im besten Falle erst der Beginn einer neuen, Ihrer, Reise.

Und wer weiß, vielleicht haben sich einige Dinge längst geändert, wenn Sie dann am Carrasco International Airport eintreffen, zum Hotel fahren und im Anschluss auf große Erkundungstour gehen. Vielleicht sieht die Strandpromenade anders aus, vielleicht ist der Parque Rodó längst umgestaltet, vielleicht fühlt sich die Ciudad Vieja längst anders an, als es zur Zeit meines Aufenthaltes der Fall war. Doch es gibt nur eine Möglichkeit das herauszufinden: Besuchen Sie Montevideo und finden Sie heraus, wie es sich dort lebt. Mich hat diese Stadt ein wenig verzaubert, vielleicht wird sie es bei Ihnen auch tun, auf dieselbe oder eine ganz andere Art und Weise. Eine wunderbare Zeit in Montevideo wünscht Ihnen Ihre,

Imke Sonnenbeck

Packliste

Geld & Finanzen

O (evtl.) Auslandswährung
O Bargeld
O Bauchtasche
O Brustbeutel
O Bauchtasche
O EC-Karte
O Kreditkarte
O Notfall-Telefonnummern der Banken
O Portmonee

Hygiene

O Haarbürste / Kamm
O Deo (klein)
O Shampoo
O Kulturtasche
O Sonnencreme

O Taschentücher
O Reise-Zahnbürste und Zahnpasta
O Verhütungsmittel

Kleidung

O Badeklamotten
O Gürtel
O Hosen kurz / lang
O Mütze / Cap / Hut
O Pullover
O Regenjacke
O Schlafanzug
O Socken
O Sonnenbrille
O Sportklamotten / Jogginghose
O T-Shirts
O Unterwäsche

Medikamente

O Blasenpflaster
O Anti-Durchfalltabletten

O Erste-Hilfe-Set
O Fiebertabletten
O Fiebertabletten
O Mückenschutz
O sonstige Medikamente
O Pflaster
O Kopfschmerztabletten

Unterlagen & Papiere

O ADAC Unterlagen
O Adresslisten für Postkarten
O Krankversicherungsnachweis
O Stadtplan
O Führerschein
O Unterlagen für die Unterkunft
O Wasserdichte Hülle für Reiseunterlagen
O Impfausweis
O Mietwagenunterlagen
O Personalausweis
O Reisepass
O Reisetagebuch

O evtl. Studentenausweis
O evtl. Visum
O Zug- / Bahn- / Flugticket

Taschen & Rucksäcke

O Koffer / Trolley / Reisetasche
O Regenhülle für Rucksack
O Rucksack

Schuhe

O Badeschlappen / Hausschuhe
O Schuhe und Wechselschuhe

Sonstiges

O Brille / Kontaktlinsen und Etui
O Buch zum Lesen
O Ohrenstöpsel und Schlafmaske
O Regenschirm
O Reisedecke
O Wasserflasche

O Wörterbuch

Elektronik

O Digitalkamera
O Handy
O Ladekabel
O Kopfhörer
O evtl. Steckdosenadapter
O Power-Bank

Herstellung und Verlag:
BoD – Books on Demand, Norderstedt
ISBN: 9783751978323

1. Auflage
Kontakt: Psiana eCom UG/ Berumer Str. 44/ 26844 Jemgum
Covergestaltung: Fenna Larsson
Coverfoto: depositphotos.com